Mémoque HD

STÉPHANE MARIE

PAS DE PANIQUE !

J'ai une solution pour réinventer vos jardins et terrasses

SILENCE, ÇA POUSSE !

rustica

france 5

MANGO

Sommaire

« Pas de panique ! »
Cette rubrique de l'émission *Silence, ça pousse !* n'est pas un jardin offert clé en main, c'est beaucoup mieux que cela !
Au départ, il y a des gens comme vous et moi qui aiment la nature, les plantes et le jardinage. Ils voudraient bien faire entrer tout cela dans leur cadre de vie, mais ils ne savent pas très bien comment s'y prendre, ni comment l'organiser.
Les 7 aménagements que vous propose ce livre ont été l'occasion de mettre en œuvre une multitude d'idées, et de solutions, en respectant toujours les principes fondamentaux du jardinage.
Si toutes ne conviennent pas à votre petit espace, certaines, j'en suis sûr, ne manqueront pas de vous aider – en toute simplicité et avec humour – à transformer votre coin de verdure en ce havre de charme dont vous rêviez.

Stéphane Marie

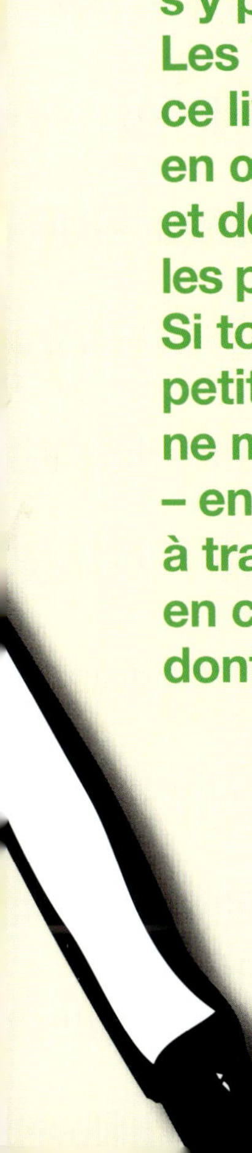

6

Une terrasse moderne
pour vivre et faire la fête

AVANT

8

APRÈS

Janvier, c'est le temps des bonnes résolutions. De nouvelles résolutions, pour Anna et Adrien qui louent, dans Paris, un appartement avec terrasse ! Cette terrasse contiguë à leur salon en a la même superficie (30 m^2) et est entièrement vide ! Mais que se passe-t-il ? Un vol, un ouragan, une lampe d'Aladin mal frottée ?

Anna et Adrien envisagent d'en faire un lieu convivial pour y recevoir leurs amis et désirent respecter le style de l'appartement, sobre et cocooning à la fois. Le challenge : garder une certaine intimité. Il faut soustraire cette terrasse à la vue des habitants en vis-à-vis de leur appartement.

D'abord, je m'occupe des vis-à-vis. Dans des pots cubiques de 50 cm, je plante par flopées différentes variétés de bambous réputés pour cacher du mauvais œil. Même s'ils mettent du temps à s'installer, ils vont grandir encore et proposent dès à présent un rideau souple. Déjà on se croirait dans une forêt ; il ne manque plus que Tarzan : aaah !

Dans des pots assez hauts, je plante des bambous sacrés *Nandina*, dont les fleurs prennent des teintes ravissantes en hiver, puis, dans un contenant plus petit, un laurier boule pour faire contraste avec les tiges des bambous. J'assemble par deux des pots de tailles différentes pour égayer cet espace. Puis j'introduis quelques graminées, car elles restent belles toute l'année.

Vraiment, je ne comprends rien aux jeunes ! Ils veulent un endroit convivial, mais ils oublient d'enlever le terreau déposé sur les rebords des pots lorsqu'ils les remplissent ! Et en plus, la terre n'est pas assez tassée ; d'ici trois arrosages, les racines seront à l'air.
Allez, on reprend tout !

Je râle pour une bonne raison : l'aspect doit être parfait. J'entoure les pieds des plantes avec de la mousse végétale ; cela crée un indispensable « effet forêt » en harmonie avec le tapis qui va arriver.
Attention ! Roulement de tambour ! Surprise !

Ce n'est ni un tapis d'Orient (trop cher) ni de la laine (ça faisait un peu chèvre) mais de la pelouse synthétique ! Eh oui !
Elle a été foulée par Zinedine, par Chabal… Sa couleur ne passe pas au soleil, elle est imputrescible car elle est conçue pour les stades.

Sur le côté de la terrasse, pour masquer les siphons d'évacuation sans les boucher, je dispose des caillebotis en bois clair que je garnis d'une composition de vivaces et d'arbustes. Ça apporte un peu de clarté au sol et donne un côté un peu chic à l'endroit.

Tous les pots sont maintenant disposés sur la pelouse. Reste à apporter quelques aménagements et de la lumière pour faire de cette terrasse une vraie pièce à vivre. Comme ce tuyau lumineux rouge placé dans un vase contenant des cristaux de verre dépoli, qui donneront une lumière diffuse. Très jeune, quoi !

Voilà, c'est terminé ! L'impression d'avoir allongé la pièce principale de l'appartement est étonnante.

J'ai comme le sentiment d'avoir joué dans la publicité pour les gâteaux !

« Pourriez pas les faire un peu plus longs, monsieur Cad…? »

Les jeunes sont contents, ils sourient, et c'est beau !

chez Dominique

le jardin aux trois paysages

AVANT

APRÈS

Paris, toujours Paris ! Moi, le Normand, je ne suis jamais allé aussi souvent à la capitale que cette année ! Comme un bon Parisien, je me métroporte dans le 13e arrondissement, où Dominique a acheté un appartement avec un très grand jardin, bien ensoleillé, malgré la présence en fond de grands arbres qui font perdre de la lumière. Une chance dans Paris ! Seulement voilà, elle ne sait pas le structurer. On coupe tous les arbres ! Il est fou ! C'est une blague ! Réaliser trois jardins en un, ce n'est pas une blague, mais de l'art ! Maestro !

Mais le mur du fond du jardin est nu ! Mon Dieu, je ne peux le regarder. Nous allons y plaquer des treilles en châtaigner huilé qui, par leur teinte, vont éclaircir avec naturel cet endroit du jardin le plus ombragé. Je les fixe au mur avec de grosses vis maintenues dans le béton par des chevilles. Puis je fais un petit élagage des arbres pour qu'un minimum de lumière vienne baigner le pied de ce nouveau mur.

Premier jardin : le sous-bois. Il faut réorganiser cet espace. Je dois d'abord déménager les plantes qui sont bien dans leur milieu mais mal placées par rapport à l'ombre qu'elles apporteront une fois adultes, puis celles qui ne sont pas dans leur élément et qui se plaisent au soleil. Allez, faites résonner les fers de bêches !

Vous souvenez-vous de l'odeur de la forêt ? Cette terre humide ? Le sous-bois est caractérisé par l'humus constitué de feuilles pourries, donc très léger. Je retourne la terre et fais un apport de terreau pour l'alléger et l'enrichir. Puis, c'est la ronde des plantations, avec pour reine des sous-bois la fougère.

Deuxième jardin : une lisière, la transition pour passer de l'ombre à la lumière, du sous-bois à la Méditerranée, des plantes intéressantes pour leur feuillage à d'autres pour leurs belles fleurs. Mais la transition doit être douce ; les plantes fleuries sont donc disposées de façon aléatoire, sans faire de masse.

Mais non, je ne suis pas en train de balayer le chemin ! Je marque seulement le passage entre la lisière et le Sud, en faisant ressortir les grosses pierres encaissées dans ce chemin. Aussi, dans les joints, j'étale du sable qui, par sa couleur, va amener encore plus de clarté.

C'est parti pour le troisième jardin : la Méditerranée. Contrairement au paysage précédent, et pour mieux marquer la frontière, je plante en rang d'oignons en faisant de longues bandes. J'opte pour un Sud agricole, avec du thym, du romarin et du gazon d'Espagne.

Pour illuminer cette flore accueillante, je dispose des photophores. Les odeurs de sous-bois se mêlent à celles du Sud, la lisière renvoie une image champêtre. Voilà ! Le jardin de Dominique est terminé.

Les différences d'ensoleillement ont permis la création de trois paysages. Depuis la Méditerranée, que Dominique aime tant, jusqu'au sous-bois qui lui rappelle son enfance. Dans cet univers, toutes les fleurs se balancent ensemble au gré du vent ; aucune animosité, tout le monde cohabite et s'adapte à son milieu. Ah ! s'il en allait de même partout !

D'une dalle de béton, on a fait une terrasse pour les amis

AVANT

APRÈS

Même en décembre, la mer est belle ! Mais ce n'est guère le moment de jouer à la marelle sur les rochers, car Valérie m'a demandé d'intervenir dans son jardin pour y masquer une plaque de béton. Ce que je me suis employé à faire grâce à des plantes qui peuvent résister aux embruns et s'adapter au sol sablonneux de la Normandie.

Commençons par rectifier une petite maladresse de Valérie. Elle a planté au printemps dernier un *Magnolia grandiflora* au beau milieu de son jardin, ignorant qu'une fois adulte, cet arbre peut mesurer huit à dix mètres de haut avec une ramure considérable. Nous devons donc déplacer ce dernier dans un coin du jardin.

Pour cacher cette dalle de béton, je l'ai recouverte d'un parquet, délimitant ainsi un espace où Valérie pourra accueillir ses amis. J'ai utilisé des lames de sapin. Le pin, le frêne ou le teck conviennent aussi, à condition d'être issus d'une forêt réglementée. Je visse les lames, espacées d'1 cm, sur d'autres disposées perpendiculairement.

Avec quelques lames de plancher vissées sur des piquets de section carrée, j'ai fabriqué une jardinière qui se prolongera en une tablette pour servir de table basse où poser un livre, un verre…
Non, Valérie ! Inutile de me regarder comme si j'étais un homme fort et intelligent – enfin comme je suis ! – nous avons encore du travail.

Mais notre parquet est tout vert ! Serait-il malade, se prendrait-il pour Hulk ou Shreck ? À moins que cela ne soit le fait du traitement autoclave. Allô docteur ! Le diagnostic tombe : il lui faut subir un traitement au brou de noix qui lui rendra toute son élégance.

Tout autour du parquet, j'ai disposé des plantes qui s'adaptent au sol sableux et au climat du bord de mer. Pour se défendre, certaines d'entre elles, comme le *Senecio*, sont revêtues de petits poils.
En plus, pour enrichir ce sol poreux et pauvre, je fais un bon mélange de fumure et de terreau.

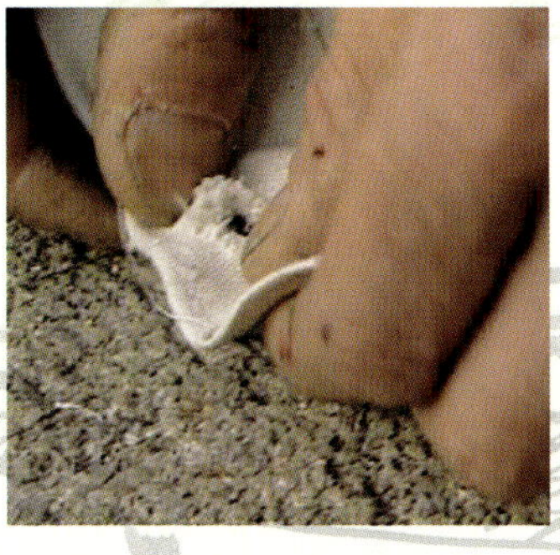

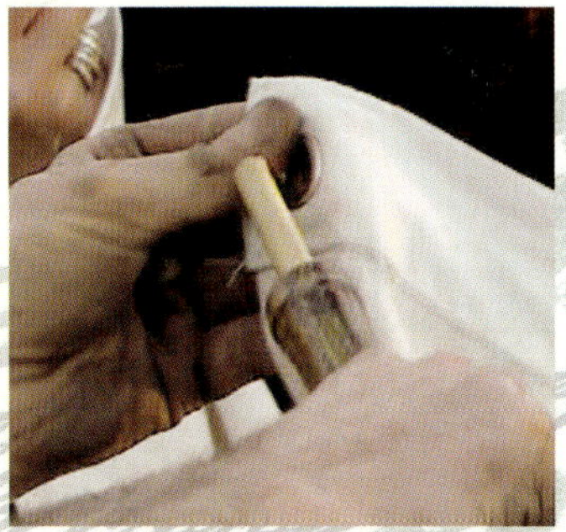

Afin de rendre cet endroit encore plus accueillant et éviter que la fraîcheur, les soirs d'été, ne tombe sur les invités, nous allons installer un vélum. Pour cela, je me suis procuré un grand pan de tissu en coton autour duquel il va falloir faire un ourlet de 5 cm pour lui donner un peu plus de tenue. Des rivets me serviront à accrocher le vélum aux cinq piquets en bambou.

Pour tendre ce nouveau toit, j'utilise des cordelettes qui, fixées au sol avec les sardines, arrimeront les piquets.

Des lanternes éclaireront cette nouvelle scène.

Les invités arrivent ! Le bruit du bouchon qui saute retentit à mes oreilles. Je suis vraiment content de cette journée, du résultat, de cette ambiance qui déjà prend naissance.

chez Sophie

un balcon fleuri
sans la corvée des arrosages

AVANT

APRÈS

« En mai, fais ce qu'il te plaît. » Me voilà donc rendu à Pigalle, non pas pour aller danser dans les strass et les paillettes, mais pour y rencontrer Sophie, qui a bien des malheurs du haut de son petit balcon du 7e étage. Elle le voudrait moins nu, sans pour autant qu'il ressemble à un char de carnaval, mais avec des plantes qui n'exigent que peu d'arrosage, car notre Sophie est une femme très affairée.

Sur le balcon, une vieille étagère pour conserver les fruits va nous servir de support pour les pots. J'enduis le bois des clayettes à l'huile de lin pour les nourrir.

Reine des antiquités, Sophie a chiné un support de bassine de toilette des années 1930 que nous allons utiliser comme support à un groupe de joubarbes plantées sur un cône de mousse.
Un décapage est nécessaire avant de lui appliquer une protection anti-rouille. Allez, faites marcher l'huile de coude !

Sophie ayant envie d'une ambiance mexicaine, haute en couleur, je peins les rebords des pots de teintes neutres pour les harmoniser avec les pots déjà colorés. Sortez les pinceaux ! Mon inspiration déborde, sans pour autant me prendre pour Salvador Dali, je dis Olé !

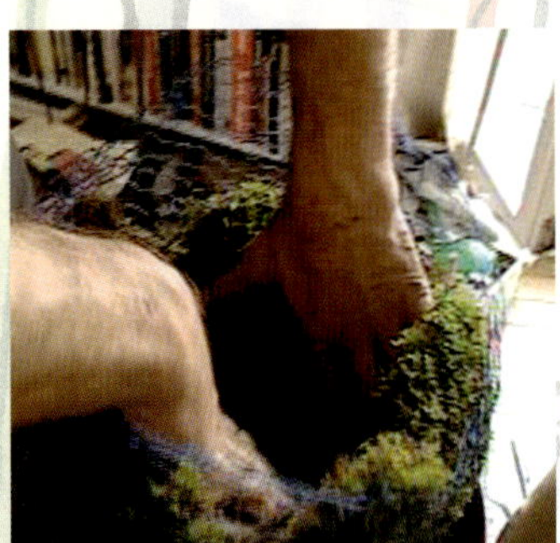

Attention ! C'est à présent un hommage à Cléopâtre, avec cette pyramide, faite de grillage et de fil de fer, dont l'intérieur est tapissé de mousse végétale puis empli d'un terreau bien tassé.

Je la pose sur des billes d'argile dans un pot en plastique ovale percé de petits trous à mi-hauteur afin de laisser l'eau s'écouler. Les joubarbes sont plantées dans le terreau grâce à une incision faite dans le grillage. Grillage, fil de fer, mousse : notre Cléopâtre est loin d'être des plus exigeantes. Avé !

Les feuilles charnues des plantes grasses stockent une eau qui leur est bien utile pendant les périodes sèches. Elles sont à peine enterrées dans un bon terreau qu'il n'est pas utile d'alléger de sable, puisqu'il repose sur un bon drainage. En surface, un sable grossier évite l'humidité au niveau du collet, source de pourrissement.

Pour accentuer l'ambiance du Mexique, j'accroche sur l'entrée du balcon des branches laquées en rouge et j'installe des rubans multicolores ainsi que quelques lampions carrés qui donnent un air de fête.

Sophie est ravie : son balcon est investi d'une multitude de couleurs et de plantes faciles d'entretien. Elle n'a plus qu'à sortir son sombrero ! Un court voyage au Mexique qui méritait bien un petit bécot !

Chez Françoise et Jacques
un joli jardin de rue et la maison sera plus accueillante !

AVANT

APRÈS

Juillet, le mois des vacances, le temps des visites et des découvertes. Le temps pour moi de rencontrer Françoise et Jacques, propriétaires à Soissons d'une ravissante maison dont le jardin, ouvrant sur la rue, n'est pas, à leur goût, suffisamment accueillant.

Françoise a pourtant tenté de lui donner couleur et gaieté avec quelques géraniums aux teintes bien vives, essayant de redorer le charme de la façade avec leur image classique. Il est vrai que ces plantes ne sont pas mes préférées (je trouve qu'elles manquent un peu d'élégance – c'est sûr, comparé à la mienne, qui est indiscutable…) Trêve de plaisanterie, c'est le temps du jardinage.

Pour rendre ce jardin plus accueillant, il faut le restructurer, l'étoffer avec d'autres plantes, faire en sorte que cette allée étroite ne soit pas qu'un passage mais un petit lieu joliment couronné de gazon et de fleurs. Alors c'est parti ! Les arbustes seront taillés pour leur redonner forme, et les plantes rafraîchies après floraison.

Jacques, quant à lui, s'attaque au labourage de la partie du jardin à réaménager. Oui, je sais, j'ai pris la tâche la plus facile, pensez-vous, mais Jacques appréhendait la taille, craignant d'être un peu brutal et estimant qu'il s'agit réellement d'un exercice de style. Il est vrai qu'avec la taille, il ne faut pas se louper et avoir du recul sur son travail.

Attention ! C'est le moment le plus compliqué. Avec un cordeau comme compas et du plâtre, je trace un premier cercle qui accueillera des graviers. Un second, concentrique au premier, délimite ainsi une couronne dans laquelle seront disposées, sur du terreau, les plaques de gazon recoupées suivant le tracé.

Le cercle intérieur, qui sera recouvert d'un feutre, est creusé plus profond d'un demi-fer afin que le niveau des graviers soit en dessous des plates-bandes. Ainsi, les graviers ne s'enfonceront pas dans le sol et ne se mélangeront pas au gazon.

C'est Jacques, entrepreneur en bâtiment, qui a choisi de mettre de l'antrope : un gravier autobloquant qui a l'avantage de ne pas rouler sous les pieds. Sa couleur sable permet d'éclaircir la zone d'accès à la maison. Une couche d'environ 5 cm sera suffisante.

Afin d'être en harmonie avec l'architecture de la maison, je plante les persistants de manière symétrique. Par contre, je voudrais que cette symétrie s'évanouisse au fur et à mesure des saisons pour laisser place à un certain flou grâce à la plantation aléatoire de plantes caduques et de vivaces.

Enfin, j'apporte de la gaieté en répandant un paillis de copeaux de bois teinté de rouge vif ; il conservera l'humidité et limitera les sarclages.

L'ensemble est harmonieux, accueillant, tout en gardant un brin de folie. Le gazon crée un contraste détonnant entre graviers et végétation. Cet espace est à la fois une cour et un petit jardin fleuri.

Ce fut vraiment une journée agréable, le temps d'un moment de vacances, le temps d'un partage de jardin.

chez Vincent

Paysage méditerranéen
sur terrasse brûlante

AVANT

APRÈS

C'est le mois d'avril, le temps des poissons et des premiers rayons de soleil ! Je me rends chez Vincent, qui joue de l'orgue en m'attendant. Non, ce n'est pas une blague !

En dehors de ce merveilleux instrument, Vincent possède une terrasse surplombant Paris. Il souhaiterait paysager cet espace, orienté sud, donc très ensoleillé, de sorte qu'en venant s'y poser, on s'imagine entendre les cigales ! Son Sud à lui !

L'avantage de n'avoir aucun vis-à-vis présente aussi un inconvénient : les plantes ne profitent d'aucune ombre et sont battues par le vent. Je mise donc sur des plantes méditerranéennes habituées au cagnard et au mistral – et plus particulièrement sur l'olivier. Cet arbre possède une longévité multiséculaire et peut même être considéré comme immortel. Non, là non plus ce n'est pas un poisson d'avril !

Pour son bon développement, l'olivier est planté dans un bac percé contenant des billes d'argile qui assureront le drainage. Grâce au vent, il sera protégé contre la maladie « œil de paon » – une colonie de champignons cryptogamiques – qui noircit les feuilles et les fait tomber en hiver.

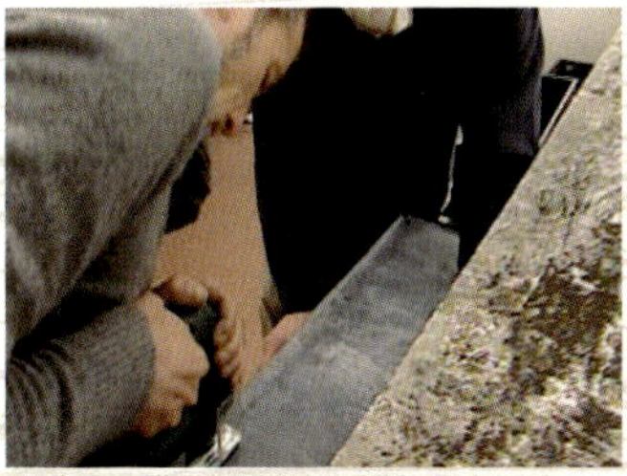

Les supports des jardinières sont hauts et fort jolis. Cependant, le bac de plantation ne mesure que 11 cm, ce qui est peu. Alors, j'ai l'idée de découper le fond de ce bac, afin d'y loger une jardinière en plastique quelconque pour gagner plus de profondeur. Percé sur les côtés, ce récipient offrira une réserve d'eau.

Pour garnir ces jardinières, je choisis des *Convolvulus*, du romarin et de la lavande, tiercé gagnant du climat méditerranéen. Comme d'ordinaire elles ont les racines au sec, il leur faut une bonne couche de drainage. Eh bien ! Elles sont où les bibilles d'argile ?

Vincent voudrait utiliser l'eau de pluie pour arroser. J'encourage ce geste écocitoyen et insère un récupérateur d'eau dans la gouttière. Pour l'installer ? Scier la gouttière, la démonter, insérer l'objet, coller et remonter ! C'est pratique, c'est écolo… merci qui ?

Pour la réserve d'eau, je dispose un bac en résine et béton que je double intérieurement d'une bâche à bassin collée sur les bords avec une colle spéciale dont les solvants n'abîment pas le plastique. Ainsi habillé, le bac sera étanche et pourra accueillir des plantes aquatiques et semi-aquatiques installées dans des pots percés.

Attention ! C'est le moment du paillis ! La terrasse étant très ensoleillée, je choisis un paillis de graviers ronds et blancs qui, en plus de limiter l'évaporation, va renvoyer de la lumière.

En été, les plantes du Sud sont en repos végétatif : elles ne fleurissent pas. Mais dès le retour des pluies, la végétation redémarre. Aussi, durant l'hiver, elles doivent être protégées pour continuer de se développer et fleurir dès la fin de cette saison.

Vincent pourrait maintenant jouer la chanson de Nino Ferrer, *Le Sud*. Les effluves que dégagent ces plantes brassées par le vent me donnent envie de faire le tsi-tsi des cigales ! Tsi ! Mais non, Vincent, c'est Bach qu'il préfère.

chez Maud
et Pierre

un jardin d'ombre
avec une touche d'exotisme

AVANT

APRÈS

Juin, gare Montparnasse, c'est l'été. Je cours, vole vers Maud et Pierre qui jouissent en exclusivité d'un jardinet dans une copropriété, mais très ombragé et recouvert de mousse. Ils souhaitent implanter une improbable pelouse. Je leur propose de faire entrer plus de lumière, de couleur et de jouer les contrastes.

Non, je ne joue pas les stars, mais pour élaguer, j'empreinte par sécurité les lunettes de soleil de Maud ! Eh oui ! Il faut tailler les arbustes pour laisser entrer le soleil ! De plus, grâce à la lumière, les plantes au sol vont enfin s'étoffer un peu.

Il faut bêcher la terre, l'aérer avant d'y planter des plantes couvre-sol. Ces dernières sont souvent employées comme substitut de gazon en milieu très ombragé. Elles présentent l'énorme avantage de créer une couverture végétale, ce qui permet de limiter l'évaporation et l'invasion par des adventices.

J'ai envie de jouer avec le contraste des pots : je les choisis en terre vernissée, ocre, noir, pour donner du relief, et je les dispose de façon aléatoire. J'y installe différentes variétés de plantes à la silhouette élancée, afin de créer des verticales.

Au pied des pots noirs, j'installe de petites plantes assez claires (helxine, *Soleroli solerolas*, la poule et ses poussins) en travaillant un peu la terre et en ajoutant du terreau sans abîmer la mousse. Le contraste entre le noir, l'ocre et le vert tendre des feuillages apporte de la force à cette composition.

Il faut tout de même faire un bon arrosage sur les plantations ! Maud et Pierre ont envie de luxuriance dans leur jardin, de plantes qui poussent en abondance. Bananier et fougères tropicales seront donc de la partie.

Ce jardin appartenant à la copropriété, Maud et Pierre ne peuvent pas – même s'ils aimeraient bien – faire disparaître le vieux treillage trompe-l'œil. Nous décidons de l'intégrer dans un tableau à peindre.

Sur de la toile goudronnée, nous nous amusons, sans aucun code, à jeter des couleurs au gré de nos désirs sans toutefois trop les mélanger. Une vraie revanche sur les cours de travaux pratiques de l'école primaire ! Osons, osons la couleur ! Rouge, jaune en passant par un zeste de parme… que le folklore commence !

Une fois la toile sèche, je décroche les treilles du mur, puis je découpe la toile que j'agrafe sur le bois.

Ce fut une journée extraordinaire. Nous avons marié la folie et la rigueur, joué avec les contrastes et la lumière. Un tableau orne maintenant le jardin de Pierre et Maud. Si ce n'est pas un chef-d'œuvre, ils pourront toujours dire qu'il a été vu à la télé !

Index des plantes

Du rêve à la réalité ...

CHEZ ANNA ET ADRIEN – P. 6
Une terrasse moderne pour vivre et faire la fête.

Bambou *Fargesia*
Plante originaire des forêts asiatiques, supporte le froid. Se développe en touffes et atteint 2 à 5 mètres.
Plantation : printemps.
Sol : riche et humide.

Bambou *Phyllostachys*
Mêmes conditions que pour le bambou *Fargesia*. Plante plus envahissante, peut atteindre 3 mètres en pot et 10 mètres en pleine terre.

Hellébore
Plante vivace qui pousse dans les zones ombragées.
Plantation : automne.
Floraison : décembre-mai.
Sol : fertile.

Laurier noble
Plante persistante qui supporte le froid jusqu'à - 10°C. Ses feuilles sont utilisées pour parfumer les plats.
Plantation : automne ou printemps.
Floraison : printemps.
Sol : fertile et bien drainé.

Laîche (*carex*)
Plante qui pousse dans les zones humides.
Plantation : printemps.
Sol : fertile et humide.

CHEZ DOMINIQUE – P. 12
Le jardin aux trois paysages.

Digitale
Plante à fleur en entonnoir dont toutes les espèces sont toxiques.
Plantation : automne.
Semis : printemps.
Floraison : mai-juillet.
Sol : bien drainé, plutôt acide.

Euphorbe
Plante très ornementale, à la sève blanche irritante pour la peau et dangereuse pour les yeux.
Plantation : printemps ou automne.
Floraison : mars-mai.
Sol : ordinaire, pas trop lourd.

***Hydrangéa* grimpant**
Plante grimpante qui peut atteindre 6 à 8 mètres.
Apprécie l'ombre.
Plantation : en automne, contre un mur ou un arbre.
Floraison : juin-septembre.
Sol : riche, frais et non calcaire.

Luzule
Plante rustique qui pousse dans les landes, les marais ou les forêts.
Plantation : printemps ou automne.
Floraison : mars-juin.
Sol : pauvre, frais et bien drainé.

Pavot
Plante vivace qui, suivant les variétés, donne des fleurs aux couleurs toniques : rouges, roses, jaunes…
Plantation et semis : automne.
Floraison : avril-octobre.
Sol : léger, assez fertile, plutôt calcaire.

Thym
Plante aromatique utilisée en cuisine à la fois pour ses feuilles et ses fleurs.
Plantation : printemps.
Récolte : toute l'année et été pour les fleurs.
Sol : léger, sain, même calcaire.

CHEZ VALÉRIE – P. 18
D'une dalle de béton, on a fait une terrasse pour les amis.

Agapanthe
Plante vivace à fleurs bleues ou blanches.
Craint le gel.
Plantation : printemps.
Floraison : juillet-août.
Sol : riche, léger et bien drainé.

Cordyline
Arbuste à feuillage coloré plutôt de climat méditerranéen, sinon à cultiver en pot ou sous abri.
Plantation : printemps.
Floraison : mai-juin.
Sol : fertile et bien drainé.

Magnolia grandiflora
Arbre persistant et rustique souvent utilisé dans les parcs.
Peut atteindre une hauteur de 6 à 15 mètres selon les variétés.
Plantation : mars-avril ou octobre.
Floraison : été.
Sol : riche et frais.

Phormium tenax
Plante vivace au beau feuillage pourpre, panaché ou rayé.
Plantation : printemps, en pleine terre ou en pot.
Floraison : juillet.
Sol : sablonneux, drainé et riche.

CHEZ SOPHIE – P. 24
Un balcon fleuri sans la corvée des arrosages.

Aeonium
Plante du bassin méditerranéen qui peut se cultiver en pot. À mettre sous abri en hiver.
Plantation : printemps.
Floraison : printemps ou été selon les climats.
Sol : bien drainé et sablonneux.

Joubarbe
Plante colorée utilisée dans les rocailles ou sur les murets de pierre sèche.
Plantation : printemps ou automne.
Floraison : juin-juillet.
Sol : sec, léger et plutôt calcaire.

Lewisia
Petite plante vivace utilisée sur les murets ou en pot.
Plantation : printemps ou automne.
Floraison : mai-juin.
Sol : riche et bien drainé.

Papyrus
Plante de marais, cultivée en général en pot, à croissance rapide, surtout lorsqu'elle est exposée à la lumière et régulièrement arrosée.
Plantation : printemps.
Sol : mélange de terre et de terreau.

Sedum morganianum
Plante colorée utilisée dans les rocailles ou sur les murets de pierre sèche.
Plantation : printemps ou automne.
Floraison : juin-juillet.
Sol : sec, léger et plutôt calcaire.

CHEZ FRANÇOISE ET JACQUES – P. 30
Un joli jardin de rue et la maison sera plus accueillante !

Arbre aux faisans (*Leycesteria*)
Arbuste au jeune feuillage attrayant. Apprécie le mélange d'ombre et de soleil. En hiver, nécessite la protection d'un paillis au niveau de la souche.
Plantation : toute l'année.
Floraison : juin-octobre.
Sol : riche et profond.

Buis
Arbuste persistant idéal pour former une haie. En pot éviter le plein soleil.
Plantation : septembre-octobre ou avril-mai.
Sol : tous sols.

Gaura
Plante florifère, parfaite pour des massifs. Craint les fortes gelées. Plantation : printemps. Floraison : juin-octobre. Sol : bien drainé.

Heuchère
Plante vivace cultivée pour son beau feuillage. Plantation : automne. Floraison : mai-juin. Sol : drainé au soleil, mais frais à l'ombre.

Platycodon
Plante vivace et facile à cultiver. Plantation : printemps. Floraison : fin juin à septembre. Sol : léger, riche et profond.

CHEZ VINCENT – P. 36
Paysage méditerranéen sur terrasse brûlante.

Arôme
Plante à grandes fleurs qui apprécie l'humidité. À protéger des grands froids.
Plantation : printemps.
Floraison : juin.
Sol : frais.

Camélia
Plante persistante idéale en climat doux.
Plantation : septembre-octobre ou avril-mai.
Floraison : octobre-avril.
Sol : acide, riche et frais.

Clématite
Plante grimpante à faire courir dans un arbre ou le long d'une façade.
Plantation : automne ou fin d'hiver.
Floraison : printemps, été ou automne selon variétés.
Sol : fertile, frais, léger et bien drainé.

Lavande
Plante méditerranéenne qui supporte assez bien le froid.
Plantation : printemps.
Floraison : juillet-août.
Sol : drainé plutôt calcaire.

Olivier
Arbre à la croissance lente qui lui permet de vivre de nombreuses années.
Plantation : novembre-mars.
Floraison : printemps.
Sol : tous sols.

Saule crevette (*Salix integra* ou Hakuro Nishiki)
Arbuste dont les feuilles roses deviennent vertes tachetées de blanc.
Plantation : printemps ou automne.
Sol : frais et drainé.

CHEZ MAUD ET PIERRE – P. 42
Un jardin d'ombre avec une touche d'exotisme.

Bananier
Plante à cultiver en pot. Apprécie la chaleur, mais pas le vent qui déchire son feuillage. Plantation et rempotage : printemps. Sol : mélange riche de terreau et de terre.

Helxine
Plante tapissante qui aime les lieux ombragés et frais. Plantation : printemps. Sol : riche.

La poule et ses poussins (*Tolmiea*)
Petite plante vivace couvre-sol, appréciée pour la beauté de son feuillage.
Supporte bien le froid.
Plantation : printemps.
Sol : frais, humus acide.

Pyracantha
Plante rustique idéale pour former une haie.
Plantation : automne.
Floraison : automne (baies rouges, orange ou jaunes).
Sol : riche et bien drainé.

Édition : Barbara Sabatier, Adèle Vay
Conception graphique et illustrations : Béatrice Patrat
Maquette : Marie-Laurence Pignier, Natacha Marmouget

Illustrations des « Pas de panique ! » : Stéphane Marie

Photographies : portraits de Stéphane Marie © 2006 Nathalie Guyon

France Télévisions Distribution : Directeur Droits dérivés et évènements : Franck Cymes. Chargée de projets d'édition : Karine Hammachi.

ISBN : 9782842707477
Photogravure : Point4
Achevé d'imprimer en septembre 2008
par l'imprimerie Pollina (France) - n°L47609
Dépôt légal : octobre 2008
N° d'édition : M08143

Crédits photos Rustica

P. 50 : © A. Petzold / Rustica. Parc floral de Paris ; © F. Marre / Rustica. Clos du Coudray. P. 51 : © E. Brenckle / Rustica. École du Breuil ; © F. Marre / Rustica. Le Bois Pinard / Marie Marcat ; © F. Marre / Rustica. Clos du Coudray. P. 52 : © J. Lebret / Rustica. Clos du Coudray ; © E. Brenckle / Rustica. Verger de Laquenexy ; © F. Marre / Rustica. Le Bois Pinard / Marie Marcat . P. 53 : © J. Lebret / Rustica. Clos du Coudray ; © C. Hochet / Rustica. Conservatoire de Milly-la-Forêt ; © A. Petzold / Rustica. Clos du Coudray. P. 54 : © F. Boucourt / Rustica. Jardins d'agapanthe ; © E. Branckle / Rustica. École du Breuil. P. 55 : © E. Branckle / Rustica ; © J. Lebret / Rustica. Clos du Coudray. P. 56 : © F. Marre / Rustica. JB Cactus ; © C. Hochet / Rustica ; © J. Lebret / Rustica. Clos du Coudray. P. 57 : © J. Lebret / Rustica. Clos du Coudray ; © F. Marre / Rustica. P. 58 : © F. Marre / Rustica. Le Bois Pinard / Marie Marcat ; © F. Marre / Rustica. Ferme jardinière de Gally. P. 59 : © E. Brenckle / Rustica. École du Breuil ; © E. Brenckle / Rustica. Globe Planter ; © E. Brenckle / Rustica. P. 60 : © E. Brenckle / Rustica. Le Bois Pinard / Marie Marcat ; © E. Brenckle / Rustica. Parc floral de la haute Bretagne ; © F. Boucourt / Rustica. Jardins d'Orgeval. P. 61 : © F. Marre / Rustica. Globe planter ; © F. Marre / Rustica. Le Bois Pinard / Marie Marcat ; © F. Marre / Rustica. Le Bois Pinard / Marie Marcat. P. 62 : © F. Marre / Rustica. Jardin de Roquelin ; © F. Marre / Rustica. Jardinerie Truffaut. P. 63 : © E. Brenckle / Rustica. Jardin d'Entêoulet ; © J. Lebret / Rustica. Clos du Coudray.